LE PARATONNERRE

DE SAINT-OMER

EN 1780

LE TESTAMENT DE M. DE VISSERY

LA REVANCHE DES ÉCHEVINS

PAR

M. PAGART D'HERMANSART

Secrétaire-général de la Société des Antiquaires de la Morinie, Membre correspondant de la Société des Antiquaires de France, de la Société des Études historiques, de l'Académie d'Arras, etc.

SAINT-OMER
IMPRIMERIE ET LITHOGRAPHIE H. D'HOMONT
14, rue des Clouteries, 14

1891

LE PARATONNERRE DE SAINT-OMER

EN 1780

LE PARATONNERRE

DE SAINT-OMER

EN 1780

LE TESTAMENT DE M. DE VISSERY

LA REVANCHE DES ÉCHEVINS

PAR

M. PAGART D'HERMANSART

Secrétaire-général de la Société des Antiquaires de la Morinie, Membre correspondant de la Société des Antiquaires de France, de la Société des Études historiques, de l'Académie d'Arras, etc.

SAINT-OMER

IMPRIMERIE ET LITHOGRAPHIE H. D'HOMONT

14, rue des Clouteries, 14

1891

LE PARATONNERRE DE SAINT-OMER *

EN 1780

Le testament de M. de Vissery — La revanche des échevins

Tout le monde connaît l'histoire du paratonnerre de Saint-Omer qui eut, à la fin du siècle dernier, un retentissement considérable. M. de Vissery de Boisvallé avait érigé, à la fin de mai 1780, un conducteur électrique au-dessus de sa maison située dans la rue du Marché aux Herbes [1]; les voisins exposèrent, dans une requête à

[1] La description de cet appareil est ainsi donné, le 18 août 1780, par l'Académie des sciences, arts et belles-lettres de Dijon, à qui il en avait envoyé le plan : « Nous avons reconnu » que cette machine, avant que M. de Vissery, conformément à » la sentence de police, eut enlevé l'aiguille qui la terminait, » consistait en une lame d'épée dorée vissée à une barre de fer » longue de 16 pieds, adossée à une cheminée de la maison » de M. de Vissery, qu'elle dépassait de 5 pieds. Que cette » barre, qui est restée en place, porte, à l'endroit où elle rece- » vait la lame d'épée dont il a été parlé, une girouette sous la » forme d'un globe foudroyant, armé de dards en différents » sens ; que la partie inférieure de cette barre s'enfonce dans » un entonnoir de fer-blanc, bouché par une plaque de même » métal, percée de plusieurs trous et terminée par un canal » aussi de fer-blanc, long de 57 pieds, qui descend le long du

* Extrait de la 158e livraison du *Bulletin historique* de la Société des Antiquaires de la Morinie.

l'échevinage que l'expérience du s[r] de Vissery leur paraissait dangereuse, qu'il pouvait s'être trompé dans les dimensions de sa machine, que différents physiciens avaient péri par l'effet de la foudre, et ils demandèrent que l'appareil fût démonté. Les échevins firent droit à la requête ; mais, en appel, le Conseil d'Artois mit à néant la sentence des premiers juges par un arrêt du 31 mai 1783, et écarta le 21 avril 1784 une tierce opposition [1].

» mur de la maison voisine, et parvenu à environ deux à trois
» pieds du sol de la cour, se plie sous un angle un peu obtus,
» et va gagner un puits, en perçant la margelle ; qu'à l'extré-
» mité de ce canal est soudée une verge de fer, terminée par
» un anneau auquel est attachée une chaîne qui descend per-
» pendiculairement et s'enfonce de plusieurs pieds dans l'eau. »
(Mémoire de l'avocat Buissart, p. 64, note.)

[1] Voici les principales phases de la procédure. Jugement de l'échevinage du 14 juin qui fait droit à la requête. — Opposition de M. de Vissery. — Nouveau jugement contradictoire en date du 21, ordonnant l'exécution du premier. — Appel du 23 juin devant le Conseil d'Artois. — Mémoire de l'avocat Buissart, renforcé d'une consultation délibérée à Paris le 3 mai 1782 par Mes Target, Henry Polverel et Lacretelle, à laquelle adhérérent, le 15 septembre 1782, MM. Brunel, Lecointe, Leducq et Desmasières, du barreau d'Arras. (Ces trois pièces imprimées à Arras chez Michel Nicolas, rue St-Géry, 1782.) — Premier plaidoyer de Maximilien Robespierre, 52 p. — Second plaidoyer ou réplique à monsieur l'avocat général, 99 p., imprimés tous deux à Paris, 1783. — Jugement du Conseil d'Artois du 31 mai 1783 réformant la décision des premiers juges. — Nouveau jugement du 21 avril 1784 rendu sur tierce opposition. (Voir au surplus les Mémoires de l'Académie d'Arras, 1858, t. XXX, p. 88 et suiv.) ; *Le curieux procès du paratonnerre de Saint-Omer (1780-1783)*, par M. Joret-Desclosières, Paris, 1863 ; *La jeunesse de Robespierre*, par M. Paris, Arras, 1870, p. 48 et suiv., et divers ouvrages de science. Nous ne citerons pas

On croit généralement qu'à partir de ces arrêts, le paratonnerre dressa sa tige triomphante au-dessus de la cité, et qu'il dût périr de vétusté. Il n'en fut rien, et c'est en vain que M. de Vissery prit dans son testament les mesures nécessaires pour qu'il fût conservé ; quelques années après, l'échevinage autorisa ou ordonna sa destruction.

C'est cet épilogue au fameux procès, dont nous voulons aujourd'hui faire le récit.

Après l'arrêt du 31 mai 1783, M. de Vissery fit rétablir son paratonnerre dès le 31 juillet, et il écrivit dans les gazettes le récit de sa lutte, achevant de ridiculiser les échevins de Saint-Omer que les plaidoyers de Robespierre n'avaient point ménagés ; quant aux habitants, il les représenta comme marchant à quatre pattes.

Il jouit peu du reste de son triomphe, et, le 9 juillet 1784, il s'éteignit, âgé de quatre-vingt-un ans [1].

Toutefois, pour perpétuer sa mémoire, il avait voulu que son paratonnerre lui survécût, et voici les curieuses dispositions testamentaires qu'il prit à son égard :

18 juin 1784.

In nomine Domini. Amen.

Par devant les notaires royaux de la province d'Artois soussignés.

les historiens de Saint-Omer, MM. Eudes et Derheims, dont nous avons déjà signalé les erreurs dans le *Bulletin historique des Antiquaires de la Morinie*, en 1882, t. VII, p. 100 et 101.

[1] *Registres de catholicité, paroisse Saint-Sépulchre, année 1784, n° 171.* — Il fut inhumé dans le cimetière de l'église paroissiale de Sainte-Marguerite, près de la chapelle de la Sainte-Croix, sépulture de sa famille.

Fut présent Mr Charles-Dominique de Vissery de Boisvallé, avocat en parlement, et demeurant en la ville de Saint-Omer, lequel, étant en ses bons sens, jugement, mémoire et entendement, a fait et dicté à nous dicts notaires son testament et ordonnance de dernière volonté comme il suit :

. . . .

Ayant été dans le cas de soutenir un procès frayeux qui lui avait été suscité par l'ignorance et l'entêtement de quelques individus, à cause d'un conducteur électrique ou paratonnere (sic), que le sieur testateur avait fait ériger sur la maison où il demeure, le désir d'être utile à ses concitoyens en les éclairant porta le sieur testateur à interjetter appel au Conseil d'Artois d'un jugement rendu au siège échevinal de cette ville de Saint-Omer le vingt-un juin mil sept cent quatre-vingt, par lequel la destruction du conducteur électrique avait été ordonné : la bonté de la cause du sieur testateur l'ayant fait triompher de ses adversaires, le jugement des échevins de Saint-Omer fut proscrit, et il lui fut permis en conséquence de replacer le conducteur électrique dont s'agit. Ce procès étant devenu fameux par son espèce, le sieur testateur veut et entend que la cause ne puisse jamais s'en effacer ; c'est pourquoy ledit sieur testateur veut et ordonne que celui de ses héritiers auquel la maison où il demeure échoira, soit tenu d'entretenir le conducteur électrique ou paratonnere dont s'agit (qui est encore le seul existant en cette ville et même dans la province), sans que pour quelques circonstances ou prétexte ledit conducteur électrique puisse être suprimé. Il veut qu'en cas de vente de laditte maison, la vente ne puisse dans aucun temps avoir lieu que sous la condition expresse d'y entretenir le conducteur électrique dont s'agit ; si celui des héritiers du sieur testateur à qui laditte maison sera échu venait à la faire reconstruire, il sera tenu d'y faire réparer le conducteur électrique dont s'agit suivant le model en relief qu'on a fait le sieur testateur, et qui sera remis au propriétaire de laditte maison.

Veut le sieur testateur que les titres de propriété de la ditte maison soyent remis à celui à qui elle échoira, ou à celui qui s'en serait rendu acquéreur, en cas que les héritiers jugeraient à propos de la vendre, avec touttes les pièces de la procédure dont vient d'être parlé, ainsi que les mémoires et plaidoyers imprimés de Messieurs Buyssart et de Robespierre ses avocats, et les autres pièces qui peuvent encore être maintenant à Arras chez ses avocats et procureurs.

Veut et ordonne le sieur testateur, que sa maison séante en cette ville tenant à celle où il demeure, et qui est présentement occuppée par le sieur abbé Deschamps, soit chargée à perpétuité d'une rente annuelle de douze livres, qui sera affectée à l'entretien du conducteur électrique dont s'agit, laquelle rente sera payable sans aucune retenue, pas même des vingtièmes, à celui auquel la maison du sieur testateur appartiendra, la première année de laquelle rente échoira un an après le jour du décès du sieur testateur.

Si celui auquel la maison où demeure ledit sieur testateur échoira négligeait d'exécuter les intentions du sieur testateur relativement à l'entretien du conducteur électrique dont s'agit, soit en le détruisant, ou en vendant la maison sur laquelle le conducteur électrique est érigé sans la charge cy devant imposée, ou en ne veillant pas, après la vente, à ce que l'acquéreur ou ses ayans droits accomplissent leur obligation, dans tous ces cas, outre l'extinction de la rente de douze livres affectée pour l'entretient du conducteur électrique, de laquelle rente sera pour conséquence privé celui auquel la maison où demeure le s[r] testateur serait échuë, et le dit sieur testateur veut que par cette négligence, le propriétaire de la ditte maison (de celle où est érigée le conducteur électrique), soit tenu annuellement d'une rente de vingt-quatre livres payable chacune année le dix-septième jour de juin envers l'hôpital général des pauvres de cette ville, laquelle rente sera encourue par le seul fait du propriétaire de la ditte maison et sa négligence à entretenir le conducteur électrique dont s'agit, et sans qu'il puisse jamais se rachetter de laditte rente.

. . . .

Lecture faite au sieur testateur de son présent testament par l'un desdits notaires l'autre présent, icelui sieur testateur, après en avoir entendu la lecture en entier, a déclaré y persister.

Ainsi fait à Saint-Omer en la maison du sieur testateur, le dix-huit juin mil huit cent quatre-vingt-quatre, trois heures après midy, et a signé avec nous.

Signé : de Vissery. Garmer. Damart.

(Au greffe du gros à St-Omer. Liasse 1784. n° 24.)

Les héritiers furent assez gênés par cette disposition, ils vendirent néanmoins la maison avec la condition rappelée dans le testament ; l'acheteur qui, à raison de cette charge, l'avait payée un prix inférieur à sa valeur réelle, ne tarda pas à commencer à la rebâtir, mais son dessein n'était pas de maintenir le paratonnerre dont on ne cessait de rire dans la ville. En effet, depuis que, pour combattre les idées de Robespierre, on avait emprunté le nom d'un petit bossu mal tourné, marchand de pommes et de salades, appelé Bobo, et que, dans divers libelles remplis d'un agréable persifflage, on l'avait montré redoutant l'appareil qui menaçait sa fortune, ses propriétés, son commerce, et combattant *pro aris et focis* alors qu'il demeurait dans une cave; depuis que Robespierre surtout avait parlé de « cet honnête citoyen » habitant « dans un antre souterrain qui reçoit la » lumière du jour par un soupirail, et qui craint » que la foudre ne vienne écraser ses humbles

» pénates au fonds de leur azile », on riait volontiers du paratonnerre de M. de Vissery, qui, d'ailleurs, n'effrayait plus personne.

Quoi qu'il en fût, l'acquéreur ne semblait pas pouvoir se soustraire à l'obligation de le conserver. Mais il avait sans doute étudié l'histoire du procès, et comme beaucoup d'autres personnes qui en avaient critiqué la solution au moins au point de vue purement juridique, il en avait saisi le point capital. Les échevins, en réalité, ne s'étaient prononcés que sur une question de police. Persuadés que, dans une ville bien administrée, il n'était point permis de faire des expériences sans y être autorisé, ils avaient motivé leur premier jugement sur ce qu'il s'agissait de police, et le second, « attendu qu'il s'agissait de sûreté et de tranquillité publiques ». En appel, la question avait changé de face et était devenue une discussion scientifique. Dans son premier plaidoyer, Robespierre avait dit, p. 49 : « De là un préjugé » public s'est établi que la cour ne se fierait pas » assez à ses propres lumières pour résoudre » cette question ; qu'avant de se prononcer définitivement, elle ordonnerait au sieur de Vissery » de se retirer vers une Académie pour lui demander son avis sur cet objet. » L'avocat général, M. Foacier de Ruzé, avait soutenu en effet : « 1° que les avantages attachés aux paratonnerres » n'étaient point incontestables, 2° qu'il n'était » point établi qu'ils fussent exempts de tout danger, 3° que les juges n'étaient point essentiellement des savants capables de décider en fait si » les paratonnerres avaient été construits selon » les règles de l'art, et il avait conclu à ce que

» préalablement à toute décision, l'Académie des » sciences de Paris fût invitée à nommer des ex» perts et à donner son avis sur leur rapport[1]. »

Dans son second plaidoyer, qui est la réplique aux conclusions de l'avocat général, Robespierre avait bien saisi que tout le procès était dans ce dernier point. « Mais j'entends encore une objec» tion, dit-il..... Les magistrats ne sont point des » sçavans ; ils n'ont pas de mission pour décider » les questions qui concernent les sciences » (p. 78)..... Et plus loin : « On vous propose encore » une difficulté ; qui nous assurera que le par-à» tonnerre du sieur de Vissery soit construit sui» vant les règles ? Pour constater ce point, il faut, » avant faire droit, lui ordonner de se retirer vers » l'Académie des sciences de Paris, pour la prier » de nommer des experts qui viendront sur les » lieux visiter la machine, en dresser un plan, un » procès-verbal de description, et former un rap» port qui sera mis sous les yeux de la cour » (p. 82).... Et enfin : « De là cette opinion presque » généralement répandue, que le paratonnerre de » M. de Vissery doit être préalablement soumis » à une visite d'experts pour nous assurer qu'il » n'expose pas la ville de Saint-Omer à cet hor» rible malheur » (p. 83).

[1] *Mémoires de l'Académie d'Arras*, t. XXX, p. 89 et 90, M. Laroche, jugeant un concours d'histoire, dit aussi que « l'affaire » du paratonnerre qui eut tant de retentissement, est pourtant » si peu connue et de l'auteur du mémoire et du public lettré, » coupable ou complice de ses erreurs, » et il rétablit en peu de mots et une fois pour toutes, dit-il, la vérité. A raison des nouveaux documents que nous produisons, nous avons été obligés de nous étendre plus que lui.

Mais l'avocat n'avait pas répondu à ces objections qu'il mentionnait lui-même, il s'était borné à exalter les effets merveilleux de la découverte nouvelle, et ses plaidoyers passionnés, livrés à l'impression et répandus à profusion, avaient eu pour but de frapper de ridicule les premiers juges et d'obtenir, sous la pression de l'opinion publique, la réformation de leur sentence[1]. En réalité, on avait discuté en appel sur les opinions ou les témoignages de physiciens, assurément renommés, mais dont aucun n'avait vu l'appareil, et on n'avait produit qu'un procès-verbal dressé à Saint-Omer par deux notaires, constatant les conditions dans lesquelles le paratonnerre avait été établi, procès-verbal sur lequel l'Académie de Dijon avait émis un avis favorable. On avait donc récusé la compétence des magistrats, ou jugé inutile une expertise à faire par des savants, et on avait ajouté foi à une description faite par des notaires, qui probablement n'avaient fait qu'enregistrer les explications de M. de Vissery !

Aussi l'acquéreur de la maison, pour échapper à l'obligation relative au maintien de l'appareil électrique, reprit, dans son intérêt, cette idée généralement répandue, comme l'avait constaté Robespierre, de la nécessité d'une expertise. Il assigna les vendeurs devant l'échevinage, afin de faire constater l'état du paratonnerre. Le Magistrat[2] s'empressa de déférer à ce vœu, et de faire

[1] Voir le t. XXX des *Mémoires de l'Académie d'Arras,* déjà cités, p. 88.

[2] On appelait ainsi le corps municipal dans les villes de Flandre et d'Artois.

faire l'examen que le Conseil d'Artois s'était refusé à ordonner auparavant ; seulement on ne s'adressa point à l'Académie des sciences de Paris : des experts, parmi lesquels se trouvaient deux officiers du génie, examinèrent le paratonnerre, et conclurent à l'unanimité qu'il était érigé contrairement aux règles de l'art, et qu'il ne pouvait subsister dans l'état où il se trouvait.

Au vu du procès-verbal, l'échevinage décida que le paratonnerre serait abattu en présence des parties intéressées afin qu'elles pussent y faire « telles » observations qu'elles jugeraient convenir, le tout » provisoirement, sauf à le rétablir sur la maison » si l'acheteur se proposait de bâtir, par gens de » l'art, s'il y échet[1]. »

Les héritiers de M. de Vissery avaient touché le

[1] Ces derniers détails sont consignés dans un manuscrit de M. Deschamps de Pas, qui était conseiller au bailliage de Saint-Omer à l'époque du procès. Nous les lui empruntons en regrettant qu'il n'ait indiqué ni la date du procès-verbal d'expertise, ni celle de la décision de l'échevinage, et nous les avons cherchées vainement. On ne trouve rien concernant cette affaire dans les registres des sentences de 1784 à 1788, qui sont aux archives départementales. A celles de la ville, le dernier registre aux délibérations de l'échevinage s'arrête à 1783 ; celui des statuts de police N qui va jusqu'au 14 avril 1787, ne contient aucune mention relative à ces différends. Il ne nous est donc point possible de donner la justification précise du récit de M. Deschamps de Pas, que nous tenons cependant pour très véridique.

Dans tous les cas, il n'était pas sans intérêt de justifier dans une certaine mesure la décision des échevins de Saint-Omer en 1780, qui fut tant attaquée, et d'expliquer quelque peu le procès après M. Laroche. Le testament de M. de Vissery est assurément aussi une pièce curieuse qui méritait d'être produite.

prix de la maison, ils se considérèrent comme déchargés de leur obligation par la décision de l'échevinage; de sorte que le fameux appareil électrique, dont toute la France s'était occupé [1], disparut ainsi sans bruit, sans réclamations, et sans même que les administrateurs de l'hôpital général invoquassent les droits éventuels résultant pour cet établissement de l'inexécution du testament de M. de Vissery. Le paratonnerre avait servi à faire connaître le nom de Robespierre au delà des limites de l'Artois, et avait attaché à son nom une grande notoriété.

Mais si les échevins de 1780 [2] avaient été ridicu-

[1] *Les Merveilles de la science,* par Louis Figuier, p. 366.

[2] En 1780, le Magistrat fut continué à *l'occasion du quartier général* (?) et par la protection de M. de Chabot, commandant le camp des Bruyères, mort ladite année.

Celui de 1779 était :

Maximilien-Louis-Jos. de Pan, écuyer, s[r] de Wisques, mayeur.
François-Louis Damary, écuyer, chev. de St-Louis, 2e année.
François-Joseph Crépin, avocat, 2e —
François-Adrien Froidure, avocat, 1re —
Alexandre-Louis Muchembled, avocat, L. M. 2e —
Antoine-Brunó Derycke, médecin. 2e —
Thomas-Joseph Lenglart, s[r] d'Affringues, 2e —
Maximilien-François Grenet de Florimont, écuier, 1re —
Ant.-Philippe-Henry Masse de la Frénoye, avocat, 1re —
Jean-Baptiste-Joseph Capelle, négociant, 1re —
Augustin-Joseph Lemaire le jeune, négociant, 1re —

Bureau.

Jean-Joseph Jacques, procureur du roy, syndicq.
Pierre-Jacques Gaillon, secrétaire-greffier.
Charles-Marie Drincquebier, avocat, greffier du crime.
Charles-Antoine Lecomte-Thomassin, trésorier-receveur.
Jacques-Joseph Vallour, petit-bailly.

lisés, présentés comme « ennemis des progrès des lumières », et « mis au pilori de l'opinion publique [1] », leurs successeurs les avaient vengés, l'échevinage, en somme, avait le dernier mot dans cette affaire ; et, il faut bien le dire, le bon sens était du côté des magistrats municipaux, qui avaient maintenu avant tout les règles de police et la tranquillité publique, et qui n'avaient point voulu trancher par eux-mêmes une question scientifique, que l'avocat général avait dénié plus tard aussi au Conseil d'Artois le droit de décider.

PAGART D'HERMANSART.

[1] *Recherches étymologiques, historiques, etc., sur la ville de St-Omer*, par M. Eudes, Saint-Omer 1834, p. 154.

Saint-Omer, Imp. H. D'HOMONT

www.ingramcontent.com/pod-product-compliance
Ingram Content Group UK Ltd.
Pitfield, Milton Keynes, MK11 3LW, UK
UKHW021020220726
13924UKWH00001B/83